THE WEAPONS ENCYCLOPÆDIA
TANK AIRCRAFT AFV SHIP ARTILLERY VEHICLES SECRET WEAPON

TWE-032 ITA

CARRI SPERIMENTALI TEDESCHI VOL. I

THE WEAPONS ENCYCLOPAEDIA

EDITORIAL STAFF
Luca Cristini, Paolo Crippa.

REDAZIONE ACCADEMICA
Enrico Acerbi, Massimiliano Afiero, Aldo Antonicelli, Ruggero Calò, Luigi Carretta, Flavio Chistè, Anna Cristini, Carlo Cucut, Salvo Fagone, Enrico Finazzer, Arturo Giusti, Björn Huber, Andrea Lombardi, Aymeric Lopez, Marco Lucchetti, Gabriele Malavoglia, Luigi Manes, Giovanni Maressi, Francesco Mattesini, Daniele Notaro, Péter Mujzer, Federico Peirani, Alberto Peruffo, Maurizio Raggi, Andrea Alberto Tallillo, Antonio Tallillo, Roberto Vela, Massimo Zorza.

PUBLISHED BY
Luca Cristini Editore (Soldiershop), via Orio, 35/4 - 24050 Zanica (BG) ITALY.

DISTRIBUTION BY
Soldiershop - www.soldiershop.com, Amazon, Ingram Spark, Berliner Zinnfigurem (D), LaFeltrinelli, Mondadori, Libera Editorial (Spain), Google book (eBook), Kobo, (eBoook), Apple Book (eBook).

PUBLISHING'S NOTES
None of unpublished images or text of our book may be reproduced in any format without the expressed written permission of Luca Cristini Editore (already Soldiershop.com) when not indicate as marked with license creative commons 3.0 or 4.0. Luca Cristini Editore has made every reasonable effort to locate, contact and acknowledge rights holders and to correctly apply terms and conditions to Content. Every effort has been made to trace the copyright of all the photographs. If there are unintentional omissions, please contact the publisher in writing at: info@soldiershop.com, who will correct all subsequent editions.

LICENSES COMMONS
This book may utilize part of material marked with license creative commons 3.0 or 4.0 (CC BY 4.0), (CC BY-ND 4.0), (CC BY-SA 4.0) or (CC0 1.0). We give appropriate attribution credit and indicate if change were made in the acknowledgments field. Our WTW books series utilize only fonts licensed under the SIL Open Font License or other free use license.

CONTRIBUTORS OF THIS VOLUME & ACKNOWLEDGEMENTS
Ringraziamo i principali collaboratori di questo numero: su tutti l'Associazione Modellisti Pumeneghesi AMP, diretta dal presidente Marino Paloschi mentre i modellini dei mezzi sono opera di Vezzoli Gianfelice, e Walter Ferrari. I profili dei carri sono tutti dell'autore. Le colorazioni delle foto sono di Anna Cristini. Ringraziamenti particolari a istituzioni nazionali e/o private quali: Stato Maggiore dell'esercito, Archivio di Stato, Bundesarchiv, Nara, Library of Congress, Wikipedia, USAF, Signal magazine, Cronache di guerra, Fronte di guerra, IWM, Australian War Museum, ecc. A P.Crippa, A.Lopez, Péter Mujzer, L.Manes, C.Cucut, archivi Tallillo. Model Victoria (www.modelvictoria.it) ecc. per avere messo a disposizione immagini o altro dei loro archivi.

For a complete list of Soldiershop titles, or for every information please contact us on our website: www.soldiershop.com or www.cristinieditore.com. E-mail: info@soldiershop.com. Keep up to date on Facebook https://www.facebook.com/soldiershop.publishing

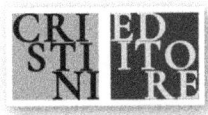

Titolo: **CARRI SPERIMENTALI TEDESCHI - VOL. I** Code.: **TWE-032 IT**
Collana curata da/Autore: Luca Stefano Cristini
ISBN code: 9791255891918 Prima edizione Dicembre 2024
THE WEAPONS ENCYCLOPAEDIA (SOLDIERSHOP) is a trademark of Luca Cristini Editore

THE WEAPONS ENCYCLOPÆDIA
TANK AIRCRAFT AFV SHIP ARTILLERY VEHICLES SECRET WEAPON

CARRI SPERIMENTALI TEDESCHI VOL.I

DICKER MAX-GRILLE-LÖWE MAUS-VK 4501/02

LUCA STEFANO CRISTINI

BOOK SERIES FOR MODELERS & COLLECTORS

INDICE

Introduzione 5
- L'ultima speranza tedesca 5

10,5 cm K gepanzerte Selbstfahrlafette (Dicker Max) 9
- Descrizione 9
- Ruolo operativo 11

Geschützwagen Tiger 17/21 (Grille) 15
- Cronistoria del progetto 15
- Il modello catturato 19

Panzer VII Löwe 21
- Storia e sviluppo 21
- Le versioni 23
- Arma di propaganda 25

Panzer VI Tiger (P) VK 4501 29
- Sviluppo del progetto e storia operativa 29
- Caratteristiche tecniche 31
- Versioni modificate del Tiger (P) 35

Panzer VI Tiger VK 4502 Hinten & Vorne 37
- Avanzamento del progetto 37
- La torre della Porsche 39

Panzer VIII Maus 45
- Origini e sviluppo 45
- Caratteristiche tecniche 49
- Conclusioni 51

Mimetiche e segni distintivi tank tedeschi 52

Bibliografia 58

▲ Il carro sperimentale VK 4502 Hinten, realizzato da Walter Ferrari, del club modellistico di Pumenengo (BG).

INTRODUZIONE

I supercarri tedeschi facevano parte dei progetti **Wunderwaffen** (armi miracolose), ideati per vincere la guerra. Per tutta la durata della Seconda guerra mondiale, gli avanzati team di progettazione tedeschi lavorarono senza sosta a una sconcertante varietà di mezzi corazzati di ogni forma e dimensione. Questo primo volume tratta un campione di progetti affascinanti che non vennero mai prodotti in serie, ma soltanto allo stato di prototipi o comunque in un numero di esemplari ridottissimi.

Si trattava preferibilmente di carri armati pesanti o addirittura super pesanti come il panzer VIII MAUS, ideato dalla Porsche, o altri come il panzer VII Löwe ideato dagli ingegneri della Krupp in diverse versioni e studi; pesanti cacciacarri come il Dicker Max o il mastodontico Geschützwagen Tiger (Grille), seguiti poi dai carri del progetto VK 4501/02 come il Vorn e l'Hinten di Porsche e Krupp!

Questo studio poi continuerà fino ai modelli della cosiddetta *Serie E* che tratteremo nel secondo volume insieme ad altri interessanti progetti.

L'ULTIMA SPERANZA TEDESCA

Le **Wunderwaffen** furono ipotetiche super-armi o armi segrete sviluppate dal Terzo Reich. Questo termine fu introdotto e diffuso dalla propaganda tedesca del potente ministro Joseph Goebbels durante le fasi finali della Seconda Guerra Mondiale. L'obiettivo della propaganda era creare l'illusione di una superiorità militare tecnologica imminente, capace di ribaltare le sorti del conflitto, ormai giunto ad una situazione chiaramente sfavorevole per la Germania.

Tra le Wunderwaffen più conosciute e alcune delle poche effettivamente completate e utilizzate, figurano le Vergeltungswaffen ("armi della vendetta"). Tuttavia, la maggior parte delle Wunderwaffen non superò la fase teorica o prototipale e, conseguentemente non venne mai schierata sul campo; quando ciò avvenne, fu spesso troppo tardi o in quantità troppo ridotte per influenzare realmente l'esito della guerra.

▲ Interno dei giganteschi stabilimenti siderurigici della Krupp a Essen, impegnati nella produzione di armi.

Tra gli esempi di queste armi vi sono il "cannone solare" (Sonnengewehr), il progetto nucleare militare tedesco e il carro armato Panzer VIII Maus e altri super carri che andiamo ad illustrare in questo volume. Verso la fine della Seconda Guerra Mondiale, il Terzo Reich mise in atto una frenetica corsa allo sviluppo di nuove e potenti tecnologie militari, nella speranza di ribaltare l'inevitabile disfatta. Tra le invenzioni più ambiziose di quel periodo, oltre ai razzi e agli aerei modernissimi, vi furono i carri armati sperimentali tedeschi, un settore della ricerca militare che richiese ingenti risorse economiche, materiali e intellettuali. Questi mezzi corazzati, che vennero concepiti con specifiche tecniche e dimensioni fino a quel momento inedite, furono immaginati per offrire all'esercito tedesco un vantaggio strategico e psicologico sugli Alleati. Tuttavia, la maggior parte di essi non superò mai lo stadio del prototipo, e pochi ebbero un impiego pratico sul campo di battaglia.

L'idea alla base dei carri armati sperimentali era quella di creare veicoli corazzati con una potenza di fuoco e una resistenza mai viste prima, capaci di affrontare le linee nemiche più resistenti e di contrastare efficacemente le sempre più avanzate e numerose forze corazzate degli Alleati e dell'Unione Sovietica.

I progettisti tedeschi lavorarono a una varietà di prototipi, dai carri pesanti come il Panzer VIII Maus e l'E-100, fino ai cosiddetti "supercarri" e "carri superpesanti", pensati per superare ogni tipo di armamento alleato conosciuto. Questi mezzi, dalle dimensioni mastodontiche e dal peso colossale, avrebbero dovuto possedere una corazzatura quasi impenetrabile e una capacità di fuoco letale, spesso attraverso l'integrazione di cannoni anticarro di calibro elevato.

Il Panzer VIII Maus, ad esempio, rappresentava un vero e proprio colosso: con il suo peso di oltre 180 tonnellate, era il carro armato più pesante mai costruito. Ideato da Ferdinand Porsche, questo mezzo doveva essere virtualmente immune alle armi convenzionali, grazie alla sua corazzatura massiccia e a un potente cannone da 128 mm. Tuttavia, la sua imponenza si rivelò anche il suo più grande limite: il Maus era estremamente lento e praticamente incapace di attraversare ponti o di muoversi agevolmente in am-

▲ Il prototipo di uno dei genitori del famoso Tiger I. Si tratta del Panzerkampfwagen VI Tiger (P) VK4501 della Porsche, qui fotografato con la prima torretta fittizia senza cannone.

▲ Bella vista di un cacciacarri Jagdtiger 305 che entra con la sua lunga canna del cannone nell'abitacolo del Grille parcheggiato proprio davanti. Si trattava di due carri davvero mastodontici!

▲ Probabilmente la Porsche preferirebbe dimenticare che, durante la guerra mondiale, fu, tramite il suo fondatore Ferdinand Porsche, referente e sodale di Hitler e contribuì non poco allo sviluppo di nuove armi.

▲ Dei due Dicker Max utilizzati entrambi sul fronte russo, uno prese fuoco e andò distrutto; il secondo ebbe vita più lunga. Qui vediamo probabilmente la sua ultima foto, ripresa nei pressi di Stalingrado nel febbraio del 1942, mentre viene esaminata da un soldato sovietico. Notare la tipica tracciatura tedesca dei successi ottenuti contro i carri nemici disegnati sulla canna del cannone. Pare che questo secondo modello prese anche il nome di "Brummbar".

bienti urbani o accidentati. Al di là di due prototipi, il Maus non entrò mai in produzione su larga scala, poiché la situazione militare e logistica della Germania nel 1944-1945 non consentiva l'implementazione di mezzi così complessi e dispendiosi.

Parallelamente, si sviluppavano altri modelli come l'E-100, concepito come una versione più manovrabile e semplificata rispetto al Maus. L'E-100 faceva parte del progetto *Entwicklungsserie*, una serie di carri armati standardizzati che avrebbero dovuto sostituire gradualmente l'intera flotta corazzata tedesca, permettendo maggiore flessibilità di produzione e manutenzione. Questo progetto, sebbene assai innovativo, rimase allo stadio iniziale, anch'esso ostacolato dalla cronica mancanza di risorse e dall'urgente necessità di difendere i confini tedeschi dagli eserciti alleati.

Oltre ai colossi corazzati, i progettisti tedeschi esplorarono anche soluzioni non convenzionali, come i carri armati a propulsione razzo e i cingolati estremamente leggeri e veloci, pensati per operazioni di ricognizione o attacchi improvvisi. Queste idee, benché innovative, rimasero largamente teoriche e non superarono la fase di test. Gli enormi sforzi e le speranze riposte nei carri armati sperimentali riflettevano la disperazione tedesca, ma anche l'elevato livello di ingegneria e creatività che caratterizzava la tecnologia militare tedesca dell'epoca.

Tuttavia, alla fine della guerra, la maggior parte di questi prototipi giaceva incompiuta o abbandonata negli stabilimenti di produzione, mentre i pochi esemplari completati venivano rapidamente studiati e presi dagli Alleati, affascinati da quella che appariva come la folle ambizione di costruire mezzi corazzati "invincibili". L'eredità di questi carri armati sperimentali si fece sentire anche nel dopoguerra: i progetti e le soluzioni tecniche tedesche ispirarono infatti, in parte, l'evoluzione dei carri armati moderni. Nonostante la maggior parte di essi non avesse mai raggiunto il fronte, questi veicoli sperimentali incarnarono il tentativo finale del Terzo Reich di cambiare il corso della guerra con una superiorità tecnologica illusoria, lasciando tuttavia un'impronta indelebile nella storia delle forze corazzate.

10.5 CM K GEPANZERTE SELBSTFAHRLAFETTE "DICKER MAX"

Il 10,5 cm Kanone (gepanzerte Selbstfahrlafette), meglio noto col nomignolo di Dicker Max, abbre-viato in 10,5 cm K (gp.Sfl) (traducibile in italiano come "Cannone semovente corazzato da 10,5 cm"), fu un prototipo di semovente d'artiglieria sviluppato dagli ingegneri tedeschi. Inizialmente fu pensato e ideato come arma antibunker adatta per sfondare la linea Maginot, noto come Schar-tenbrecher, dopo la resa della Francia venne ripensato per essere utilizzato come cacciacarri pe-sante sul fronte orientale.

Nel 1939, la Krupp avviò lo sviluppo di un mezzo in grado di colpire fortificazioni nemiche rima-nendo al sicuro dal fuoco di risposta. Dopo la rapida sconfitta francese, però, tale esigenza venne meno, e il progetto venne quindi ri-adattato al ruolo di cacciacarri pesante. Due prototipi vennero ordinati, completati nel gennaio 1941 e presentati a Hitler il 31 marzo. Se i test fossero stati positi-vi, la Krupp avrebbe preveduto di avviare la produzione in serie nella primavera del 1942.

In fase di sviluppo, il mezzo era denominato 10 cm K. (Pz.Sfl.IVa), e ricevette il nome ufficiale di 10,5 cm K (gp.Sfl.) il 13 agosto 1941. Tra le truppe era soprannominato "Dicker Max" (Max il grasso).

DESCRIZIONE

Il Dicker Max venne costruito utilizzando lo scafo modificato del Panzerkampfwagen IV Ausf. E, senza torretta e dotato di una casamatta aperta per il cannone. La piastra frontale era in acciaio temprato di 50 mm di spessore, inclinata a 15° dalla verticale, mentre la corazzatura laterale era di 20 mm. Una caratteristica distintiva del mezzo era la casamatta che proteggeva il vano di combattimento posteriore. Le 26 munizioni di bordo erano collocate in particolari contenitori blindati. Il sedile del pilota era invece situato anteriormente a sinistra, con una postazione fittizia a destra.

Il cannone era pensato anche per contrastare i mezzi corazzati nemici, ma aveva un brandeggio di soli 8° a destra e a sinistra, e un'elevazione tra -15° e +10°. Sulla canna fu introdotto un freno di bocca per ridurre il rinculo e una rizza per bloccare la canna durante gli spostamenti. Per la difesa ravvicinata, l'equipaggio disponeva di tre mitragliatrici e 576 colpi. Il puntatore utilizzava un'ottica Selbstfahrlafetten-Zielfernrohr 1 (Sfl.Z.F. 1), e il capocarro aveva a disposizione un periscopio binoculare su braccio rotante.

▲ Il 10,5 cm K (gp.Sfl.) utilizzava una sospensione standard Panzer IV. Sebbene non fosse immune da varie imperfezioni tecniche, il mezzo era semplice e facile da mantenere.

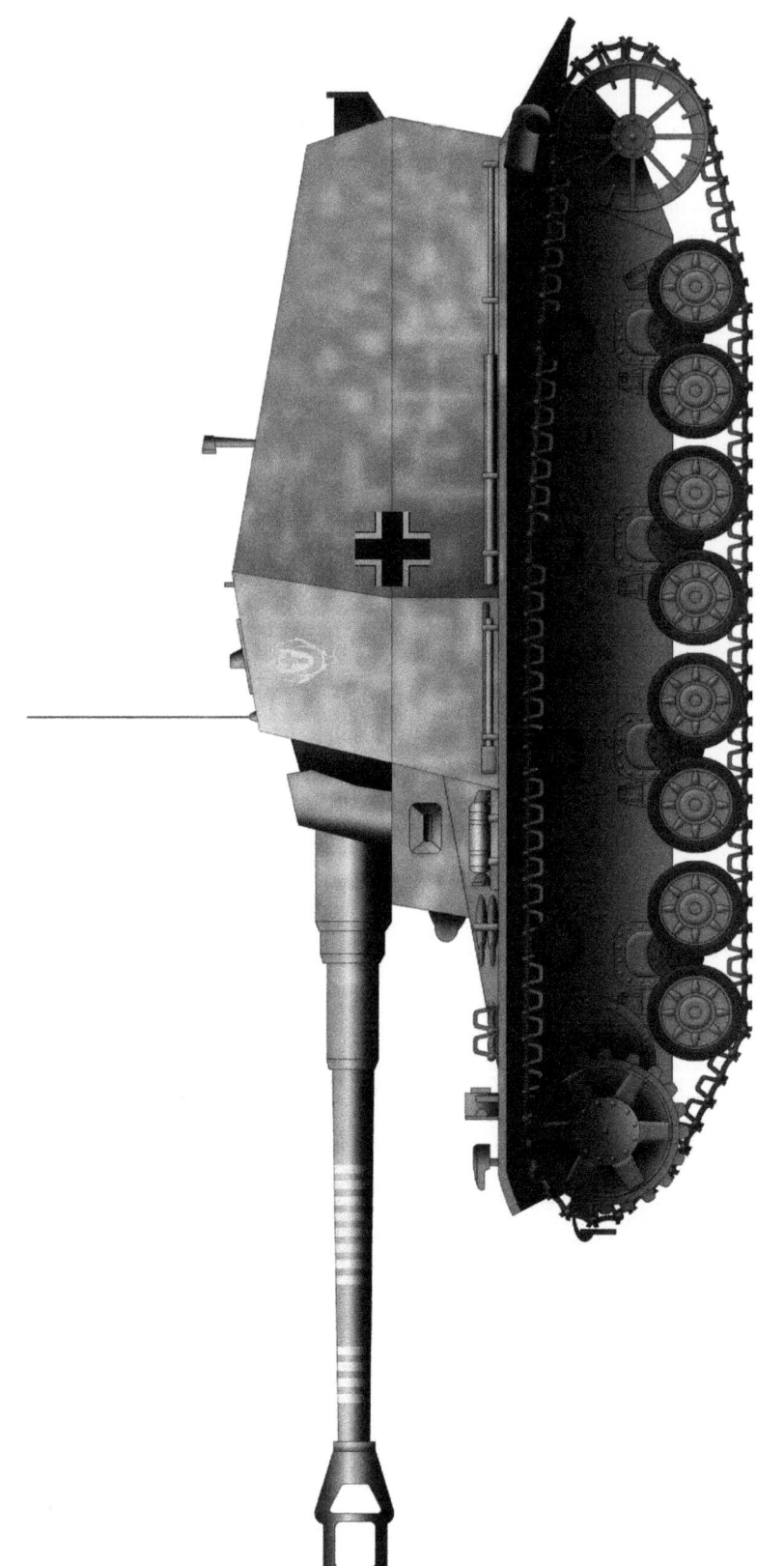

Carro 10 cm Kanone Panzer Selbstfahrlafette IVa, meglio noto col nomignolo di Dicker Max (Max il ciccione) appartenente al Panzerjäger-Abteilung 521 versione invernale, fronte orientale russo. Estate del 1942.

Il motore V-12 Maybach HL120 del Panzer IV venne sostituito con un più leggero, il V-6 Maybach HL66P. I veicoli di serie avrebbero ricevuto il sistema di sospensioni del Panzer III, che garantiva maggiore manovrabilità grazie a una traccia più corta, minore resistenza delle ruote, sospensioni più morbide e maggiore escursione degli ammortizzatori.

■ RUOLINO OPERATIVO

Realizzato in soli due prototipi, i Dicker Max finirono assegnati al Panzerjäger-Abteilung 521 durante l'Operazione Barbarossa. Uno dei due prototipi prese fuoco accidentalmente, con l'esplosione delle munizioni che ne causò la completa distruzione, mentre l'altro partecipò con successo ai combattimenti fino a fine 1941. Questo secondo prototipo fu poi modificato dalla Krupp nella prima metà del 1942 sulla base delle esperienze sul campo e fu rimandato in servizio per partecipare alla Blaue Operation. Non ci sono menzioni operative sul prototipo nei rapporti del battaglione tra novembre e dicembre.

Un rapporto del 26 luglio 1941 riportava: "Questo semovente non è abbastanza manovrabile per un impiego in un reparto di avanguardia. Il brandeggio limitato costringe a ruotare l'intero veicolo per puntare i bersagli, operazione che richiede tempo, specialmente su terreni accidentati, a causa del peso e della ridotta potenza del motore. Inoltre, la distribuzione della corazzatura – rinforzata frontalmente ma spessa solo 50 mm nella parte posteriore – rende il veicolo assai vulnerabile ai fianchi e sul retro. È efficace per supportare attacchi frontali della fanteria con fuoco diretto, ma la polvere sollevata dal cannone impedisce di osservare l'effetto dei colpi. Sarebbe necessario un posto di osservazione laterale o un cannone alternativo. A causa di dimensioni, mobilità limitata e polvere sollevata dal tiro, il veicolo è indicato per sparare solo granate esplosive a fuoco indiretto. ... Nei ruoli a lui assegnati - attacco diretto contro bunker e ingaggio di carri pesanti - il mezzo ha dimostrato adeguate capacità di penetrazione, senza problemi significativi a motore e trasmissione, anche se i freni di sterzo sono sovraccaricati, con frequenti riparazioni necessarie."

SCHEDA TECNICA 10,5 CM KANONE (GEPANZERTE SELBSTFAHRLAFETTE)	
Denominazione	Dicker Max
Lunghezza	747 cm
Larghezza	286 cm
Altezza	253 cm
Data di impostazione	199-1941
Peso in ordine di combattimento	22 tonnellate
Equipaggio	5 (comandante, autista, 2 serventi e cannoniere)
Motore	Maybach HL 66 P, 6 cilindri raffredati ad acqua, 6,6 l. 180 hp
Velocità massima	27 km/h su strada 17 km/h fuori strada
Autonomia	170 km su strada, 120 fuori strada
Elevazione del pezzo	-15° + 10°
Corazzatura	Da 10 a 50mm
Armamento	1 cannone da 10,5 L/52 1 mitragliatrici MP 40 da 9mm
Produzione	2 esemplari

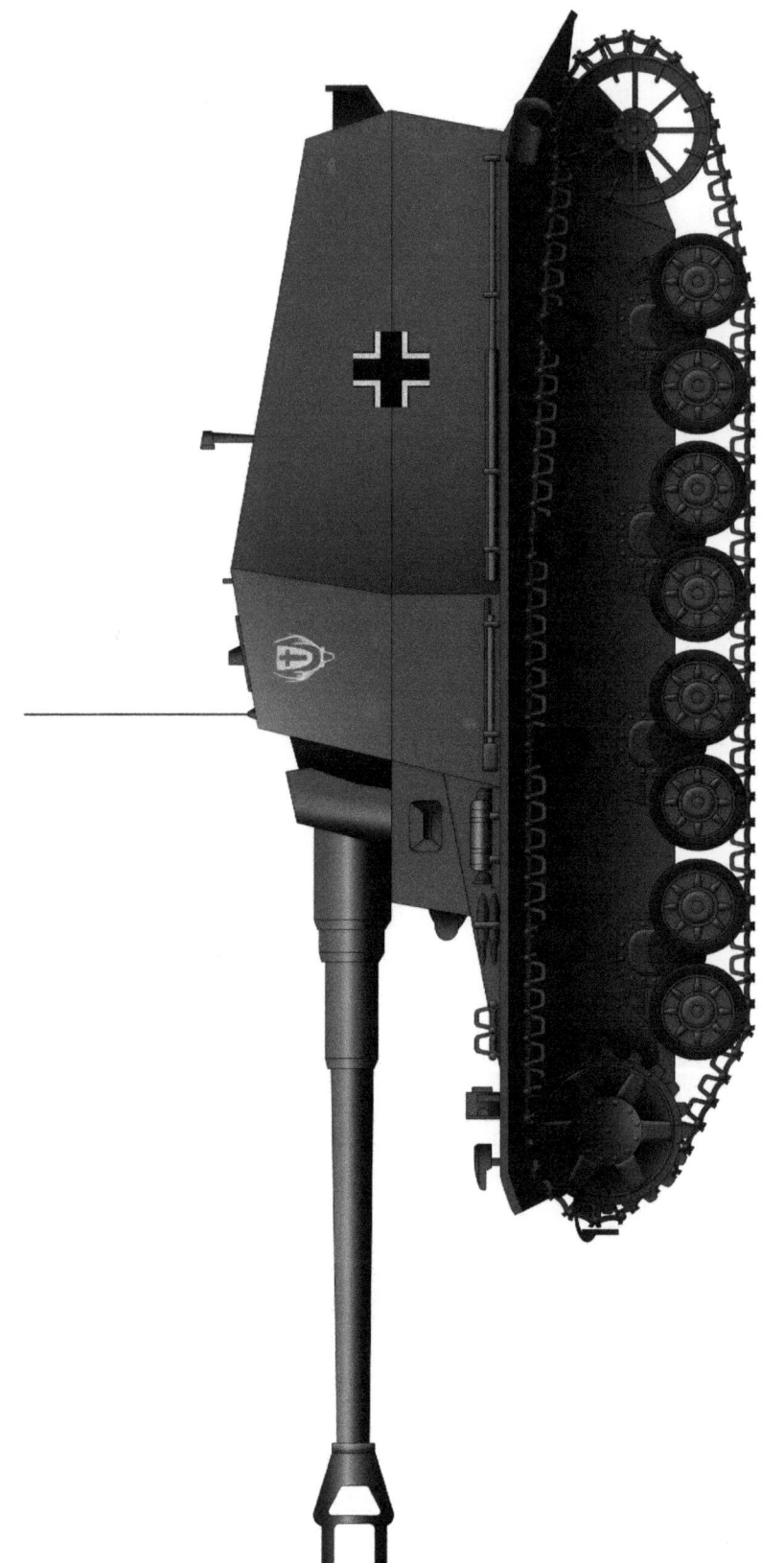

Carro 10 cm Kanone Panzer Selbstfahrlafette IVa, meglio noto col nomignolo di Dicker Max (Max il ciccione) nel tipico colre feldgrau. Russi 1941.

▲ Immagini di un modello del carro sperimentale Dicker Max realizzato da Vezzoli Gianfelice, socio del club modellistico di Pumenengo (BG) per gentile concessione.

▲ Bella vista di fianco del 10,5 cm K (gp.Sfl.) impegnato in Russia all'interno del Panzerjäger-Abteilung 521. Alle sue spalle è visibile un Panzer II.

▲ Il mezzo richiedeva un equipaggiamento di 5 soldati; 4 (comandante, cannoneire e due serventi) erano alloggiati nella casamatta posteriore, il pilota nel suo angusto angolo anteriore.

GESCHÜTZWAGEN TIGER - GRILLE 17/21

Il Geschützwagen Tiger (GW Tiger) detto Grille fu un semovente tedesco da trasporto armi della seconda guerra mondiale che non entrò mai in servizio. L'idea venne nel maggio 1942, all'azienda tedesca Krupp, la quale propose la costruzione di un nuovo semovente corazzato basato sui componenti dell'esistente Panzerkampfwagen VI Tiger.

"Geschützwagen" significa letteralmente "veicolo per cannone" in tedesco, ma una descrizione più precisa sarebbe quella di "affusto mobile". Questa macchina, infatti, era progettata per trasportare diverse armi, con un moderno approccio modulare. Il veicolo veniva anche chiamato "Grille" che in tedesco significa "grillo".

Anche se il progetto derivava dal telaio del Tiger, il prototipo venne modificato in modo significativo per adattarsi a questo nuovo scopo. Il veicolo pensato doveva poter montare due tipi di cannoni.

Questi potevano essere sia il cannone Kanone K72 (Sf) da 17 cm sia l'obice a canna corta Mörser 18/1 da 21 cm, che utilizzavano lo stesso sistema di montaggio; il primo modello si sarebbe chiamato Grille 17, mentre il secondo Grille 21.

La proposta della Krupp fu presentata ufficialmente il 6 maggio 1942 alla divisione di artiglieria Wa Prüf 4 dell'Alto Comando Tedesco, che diede il via libera a questo progetto per costruire un prototipo con data di completamento inizialmente fissata al 1° novembre 1942. Si richiedeva che il veicolo fosse in grado di ruotare a 360 gradi per consentirne anche l'uso nella difesa costiera.

■ CRONISTORIA DEL PROGETTO

Un modello successivo, il Geschutzwagen Tiger GW Tiger posteriore, fu concepito nel giugno 1942, quando si decise di sviluppare un pezzo di artiglieria pesante montato su un telaio allungato del Tiger II. Il prototipo venne testato poco prima della fine della guerra, ma poiché la Germania era prossima alla resa, il veicolo non entrò mai in servizio e fu catturato dagli Alleati. Il telaio allungato del Grille 17/21 risultava molto più lungo rispetto a quello del Tiger standard, e questo fatto creò problemi grossi ai progettisti di Essen. Alla Krupp dovettero alla fine trovare soluzioni creative per ospitare i cannoni, troppo pesanti per una torretta tradizionale.

Nel gennaio 1943, il mezzo, basato sul modello Tiger Ausf B. fu richiesto ufficialmente, si prevedeva che

▲ L'unico prototipo catturato a testimonianza del progetto del Grille. Fu ritrovato dagli uomini della Terza armata americana presso il centro di collaudo Henschel a Haustenbeck, insieme ad altri mezzi tedeschi.

Sopra: Carro Geschützwagen Tiger 17cm K72 (Grille)
Sotto: Carro Geschützwagen Tiger 21cm Mörser 18-1

▲ Impressionante immagine dell'interno del Grille ritrovato a Haustenbeck. La presenza dei tre soldati americani rende bene l'idea delle dimensioni di questo gigante corazzato.

SCHEDA TECNICA - GESCHÜTZWAGEN TIGER 17CM K72 (GRILLE)	
Denominazione	Grille
Lunghezza	1300 cm
Larghezza	327 cm
Altezza	315 cm
Data di impostazione	Giugno 1942
Peso in ordine di combattimento	da 58 a 64 tonnellate
Equipaggio	7/8 (comandante, autista e 6 cannonieri)
Motore	Maybach HL 230P30 700 cv
Velocità massima	35 km/h su strada 18 km/h fuori strada
Autonomia	250 km su strada, 120 fuori strada
Produttore	Krupp di Essen
Corazzatura	Da 16 a 30mm
Armamento	1 cannone da 17 cm K72 L/50 o mortaio da 21 cm M18/1 L 31 m o mortaio da 420 mm 1 mitragliatrici da 7,92 mm
Produzione	1 esemplare/prototipo (parziale) dalla Krupp

▲ Immagini di un modello del carro sperimentale Geschützwagen Tiger (GW Tiger) detto Grille, realizzato da Vezzoli Gianfelice, socio del club modellistico di Pumenengo (BG) per gentile concessione.

l'arma avesse una rotazione di 360° tramite una piattaforma girevole, ma infine si scelse una soluzione più semplice. Allo scopo fu realizzata una complessa piastra circolare trasportata sul retro del mezzo, questa sarebbe stata posizionata a terra durante l'utilizzo: il veicolo si sarebbe poi posizionato sopra di essa per consentire al mezzo e conseguentemente al cannone di ruotare.

Un'altra esigenza dell'esercito tedesco era rendere i cannoni smontabili. Per far ciò il veicolo avrebbe quindi dovuto fare marcia indietro fino alla piastra per far scorrere il cannone fuori e montarlo, permettendo così una rotazione completa anche per usi costieri. Tuttavia, nel 1944 questo requisito venne eliminato per ordine diretto di Heinrich Himmler.

Inizialmente il mezzo doveva essere equipaggiato con una corazza relativamente leggera da 30 mm nella parte anteriore e 16 mm sui lati. Nel novembre 1942, si decise di utilizzare acciaio al carbonio, con 50 mm davanti e 30 mm per lati e retro, fatto che comportò assai il peso complessivo. Il completamento previsto per novembre 1942 subì continui ritardi. La mancanza di componenti necessari si protrasse tanto che il prototipo risultò terminato solo nell'estate 1944.

L'aviazione alleata intanto bombardava quotidianamente lo stabilimento Krupp a Essen, complicando ulteriormente il progetto. L'Alto Comando interruppe definitivamente il progetto nel 1945, poiché le risorse scarseggiavano e si preferì destinarle ad altre armi.

Un rapporto britannico del 1945 indicava che l'equipaggio previsto fosse di sette/otto persone. L'armamento doveva essere caricato manualmente, con alcuni membri dell'equipaggio e munizioni trasportati su un semicingolato ausiliario da 18 tonnellate.

Il primo prototipo fu inviato a Sennelager in largo ritardo per i test solo nelle ultime fasi della guerra. A causa delle difficoltà nella produzione di artiglieria convenzionale pesante, nel gennaio 1945 fu emesso un ordine per realizzare mortai pesanti a canna liscia, capaci di lanciare proiettili stabilizzati da pinne a lunga distanza. Krupp e Škoda si sfidarono per il progetto, e Škoda realizzò un prototipo del mortaio da 30,5 cm Granat Werfer (Gr. W.) all'inizio di aprile 1945. Era in fase di sviluppo anche un mortaio da 42 cm Gr. W. Questi mortai tornavano automaticamente a un angolo di elevazione di 40° per essere ricaricati. Il Grille, progettato per montare quest'arma, avrebbe avuto quattro martinetti idraulici per stabilizzarsi durante lo sparo. Ma a questo punto la situazione si era ormai fatta insostenibile per la Germania, ed il Grille e le sue varie opzioni d'arma rimasero solo un'interessante ipotesi.

■ IL MODELLO CATTURATO

Il prototipo del Grille 17/21 venne ritrovato pressoché intatto e senza arma montata presso il centro di collaudo Henschel a Haustenbeck. Il mezzo era "parcheggiato" accanto a un King Tiger con torretta iniziale, a un Panther e ad un Jagdtiger. Fu la Terza Armata statunitense che catturò questi mezzi ed il Grille con il necessario per un cannone da 17 cm. Non furono invece trovati altri telai o un 21 cm Mörser.

▲ Accanto al prototipo del Grille fu ritrovata anche la canna del cannone da 17 cm K72 L/50.

▲ Altra immagine del prototipo catturato del Grille di pagina 15, questa volta visto di retro.

▼ Immagine di un modello ligneo della Flakwagen (camera di combattimento di un grosso panzer); per certi versi possiamo immaginare che l'apparato di sparo fosse molto simile anche nel Grille 17/21 (Spielberger).

PANZER VII LÖWE

Il Panzer VII Löwe (leone), abbreviazione di Panzerkampfwagen VII Löwe, fu un progetto articolato di carro armato superpesante sviluppato dalla Germania nazista nella metà della Seconda Guerra Mondiale. Ideato nei primi mesi del 1942 per contrastare i carri sovietici di grandi dimensioni, il Panzer VII Löwe fu proposto in almeno tre versioni principali e alcune varianti minori, ma non ottenne mai un'approvazione finale dai vertici militari. Le versioni considerate più promettenti furono due, una "leggera" (leichte) e una "pesante" (schwere), ma nessuna arrivò alla fase di prototipo.

STORIA E SVILUPPO

Il 22 giugno 1941, con l'inizio dell'Operazione Barbarossa, la Germania cercò di sconfiggere rapidamente l'Unione Sovietica. Tuttavia, gli scontri tra carri che ne seguirono evidenziarono la superiorità, o quantomeno la robustezza dei mezzi corazzati sovietici, come il KV-1, rispetto al Panzer IV, il più avanzato allora disponibile per l'esercito tedesco. Alcuni carri sovietici catturati furono studiati dai tecnici tedeschi, e la Krupp iniziò a progettare un carro superpesante per poterli affrontarli in modo efficace.

Si giunse così nel novembre 1941, quando furono stabiliti i requisiti preliminari per il nuovo carro: uno spessore di corazza frontale di 140 mm e laterale di 100 mm, con un peso stimato intorno alle 90 tonnellate. Per garantire una velocità di circa 44 km/h, si scelse un motore Daimler-Benz da 1.000 cavalli, tradizionalmente usato sulle Schnellboote della Kriegsmarine. L'equipaggio previsto era di cinque membri, tre dei quali nella torretta e due nello scafo. All'inizio del 1942, la Krupp ricevette l'incarico di sviluppare il Panzer VII, identificato come VK 7201 e denominato "Löwe" (leone), basato sul design del VK7001 e utilizzando componenti del Panzer VI Tiger II per semplificarne la produzione.

Delle prime due versioni del Löwe, una da 76 tonnellate e una da 90, fu la più pesante a essere preferita da Hitler per ulteriori sviluppi. Tuttavia, tra febbraio e maggio 1942, furono esaminate ben sei varianti progettuali, senza che nessuna venisse approvata. Intanto, il 6 marzo 1942, l'esercito richiese nuove specifiche per un carro ancora più pesante, sospendendo il progetto Löwe a luglio per concentrarsi sul progetto Panzer Maus (che tratteremo più avanti).

▲ Carro armato sperimentale Pz.Kpfw VII Löwe (leichte, versione leggera) con cannone da 150 mm L/40.

Carro armato sperimentale Pz.Kpfw VII Löwe (Schwerer versione pesante) con cannone da 150 mm L/40.

LE VERSIONI

Furono sviluppate principalmente due alternative, una leggera con torretta posteriore da 76 tonnellate e corazza frontale di 100 mm, e una pesante da 90 tonnellate e corazza di 120 mm. Entrambe erano armate con un cannone da 105 mm L/70 e una mitragliatrice coassiale MG34.

Leichter Löwe (Versione Leggera): Questa versione del Löwe presentava una torretta montata decentrata sulla parte posteriore dello scafo, fornita di un cannone da 105 mm e una mitragliatrice coassiale. Aveva una corazza frontale di 100 mm e un peso stimato di 76 tonnellate, che gli permetteva di raggiungere i 27 km/h. Tuttavia, nessun prototipo fu mai costruito.

Schwerer Löwe (Versione Pesante): La versione pesante aveva una corazza frontale di 120 mm e la torretta al centro dello scafo. Pur mantenendo l'armamento invariato, il peso aumentava a 90 tonnellate, riducendo la velocità massima a 23 km/h. Hitler preferì sempre questa variante pesante. Successivamente, su richiesta proprio del Fuhrer fu proposta una versione armata con il cannone da 150 mm KwK 44 L/38 e corazza frontale di 140 mm, con cingoli larghi per una migliore mobilità, di un motore potenziato per raggiungere i 30 km/h, ma nemmeno questa versione entrò mai in produzione, e verso la fine del 1942 il progetto Löwe, ormai in concorrenza con il Maus di Porsche, venne abbandonato definitivamente.

Terza Versione: Nel tardo 1942, durante lo sviluppo del Tiger II, il colonnello Fichtner incaricò la Henschel & Sohn di rielaborare il progetto del Löwe. Questa nuova versione, basata sempre sulla torretta centrale dello Schwerer era equipaggiata con un cannone più leggero da 88 mm KwK 43, una corazza frontale di 140 mm, e un motore Maybach HL 230 PL da 800 cavalli. Con un peso totale di 90 tonnellate, avrebbe potuto raggiungere una velocità di circa 35 km/h, ma anch'essa rimase sulla carta e il progetto fu infine abbandonato.

SCHEDA TECNICA - PANZER VII LÖWE (Schwerer versione pesante)	
Denominazione	Löwe (leone)
Lunghezza	774 cm
Larghezza	380 cm
Altezza	308 cm
Data di impostazione	Novembre 1941-Luglio 1942
Peso in ordine di combattimento	90 tonnellate (76 tonnelate il Leichte)
Equipaggio	5 (comandante, autista, 1 marconista e 2 cannonieri)
Motore	Maybach HL 230PL a 12 cilindri 800 hp
Velocità massima	35 km/h su strada 25 km/h fuori strada
Autonomia	160 km su strada, 80 fuori strada
Produttore	Krupp di Essen
Corazzatura	Da 40 a 180mm
Armamento	1 cannone KwK 43 da 105mm 1 mitragliatrice MG 34 da 7,92 mm
Produzione	nessuno

Altre due immagini del Carro armato sperimentale Pz.Kpfw VII Löwe (Schwerer versione pesante) con cannone da 150 mm L/40 in diverse versioni camo.

ARMA DI PROPAGANDA

Fin dal 1941, la Germania studiò lo sviluppo di carri armati superpesanti, veicoli che, sebbene di dubbia utilità tattica e complicati da produrre, risultavano assai efficaci come strumenti di propaganda. Il ministro della propaganda Joseph Goebbels, maestro in queste cose lo promosse come una delle cosiddette Wunderwaffen.

▲ Immagini di un modello del carro sperimentale Pz.Kpfw VII Löwe (Leichte versione leggera), realizzato da Vezzoli Gianfelice, socio del club modellistico di Pumenengo (BG) per gentile concessione.

Carro armato sperimentale Pz.Kpfw VII Löwe (leichte versione leggera) con cannone da 150 mm L/40.

Carro armato sperimentale Pz.Kpfw VII Löwe (leichte versione leggera) con cannone da 150 mm L/40.

▲ Immagini di un modello del carro sperimentale Pz.Kpfw VII Löwe (Leichte versione leggera), realizzato da Vezzoli Gianfelice, socio del club modellistico di Pumenengo (BG) per gentile concessione.

PANZER VI TIGER (P) VK 4501

IL FRATELLO MANCATO DEL MITICO TIGER I

Il Panzer VI Tiger (P), ufficialmente denominato Panzerkampfwagen VI Tiger (P) e conosciuto anche come VK 4501(P), fu un carro armato pesante sviluppato in Germania durante la Seconda Guerra Mondiale. Questo mezzo corazzato fu, come molti altri, creato per contrastare i carri T-34 e altri veicoli blindati dell'Armata Rossa. Il progetto fu curato dall'ingegnere Ferdinand Porsche, che adottò una soluzione motrice innovativa basata su propulsori elettrici. Tuttavia, durante i collaudi, il veicolo rivelò numerose problematiche meccaniche, risultando inadatto all'uso operativo. Ciò comportò alla fine uno scarso interesse che portò alla realizzazione di solo cinque esemplari, di cui solo uno fu inviato sul fronte orientale, mentre gli altri furono impiegati per l'addestramento presso la base militare di Döllersheim in Austria. Il VK 4501(P) ebbe tuttavia il suo merito per aver fornito la base per il successivo sviluppo del cacciacarri pesante Elefant.

■ SVILUPPO DEL PROGETTO E STORIA OPERATIVA

A partire dal 1937, l'alto comando tedesco avviò la ricerca di un sostituto più armato e corazzato del Panzer IV, con lo scopo di contrastare i carri pesanti britannici e francesi incontrati durante la campagna di Francia nel 1940. Il 26 maggio 1941, durante una riunione dedicata alla scelta di nuovi armamenti, Hitler incaricò Ferdinand Porsche e i responsabili della Henschel & Sohn di progettare un carro pesante da 45 tonnellate, armato con la versione terrestre del famoso cannone antiaereo FlaK 88.
Per questa doppia assegnazione la denominazione dei modelli realizzati da Porsche ebbe il suffisso (P), mentre quelli della Henschel il suffisso (H).

SCHEDA TECNICA - PANZER VI TIGER (P) VK 4501	
Tipo	Carro armato pesante
Lunghezza	670 cm
Larghezza	338 cm
Altezza	280 cm
Data di impostazione	Primo collaudo: luglio 1942
Peso in ordine di combattimento	58 tonnellate
Equipaggio	5 (comandante, autista, 1 marconista, servente e cannoniere)
Motore	Porsche Type 101/1 a 10 cilindri, benzina e raffreddato ad acqua
Velocità massima	35 km/h su strada 20 km/h fuori strada
Autonomia	110 km su strada, 50 fuori strada
Produttore	Porsche e Henschel & Sohn
Corazzatura	Da 60 a 100mm
Armamento	1 cannone KwK 36 da 88 mm 1 o 2 mitragliatrici MG 34 da 7,92 mm
Produzione	da 6 a 10 stima incerta

Prototipo del carro armato sperimentale Versuchskraftfahrzeug (VK) 45.01(P) con torretta fittizia.

Al nuovo ambizioso *Tigerprogramm* si aggregò quasi subito anche la Krupp che si aggiudicò il contratto per la fornitura delle torrette e dell'armamento. Il progetto di Porsche, basato sul VK 3001(P), venne portato a termine nel luglio 1942, ma durante i collaudi si rivelò problematico e difettoso: nello specifico il sistema di trasmissione a doppio motore a benzina e propulsori elettrici risultò delicato, richiedendo frequente manutenzione. Di conseguenza, il carro progettato da Henschel, che superò con successo i collaudi, nell'ottobre 1942 il verdetto divenne definitivo e il prototipo fu avviato alla produzione, divenendo il famoso e temuto Panzer VI Tiger I, forse il più famoso dei carri tedeschi.

Alla fine del progetto la Nibelungenwerke produsse quindi solo cinque unità del Tiger (P), fra l'altro, come anticipato, con componenti forniti da Krupp, con i numeri di scafo compresi tra 150001 e 150010. Porsche, nonostante l'assenza di un ordine ufficiale, aveva comunque avviato la produzione confidando che il progetto sarebbe poi stato approvato da Hitler. Di tutti questi esemplari, dei due produttori, uno solo di questi mezzi venne poi adattato come carro comando, dotato di corazzatura potenziata e motore Maybach e inviato al fronte orientale, nei ranghi dello schwere Panzerjäger Abteilung 653, dove prestò servizio fino alla sua distruzione avvenuta nel luglio del 1944.

CARATTERISTICHE TECNICHE

Il sistema propulsivo era basato su due motori Porsche Type 101/1 alimentati a benzina, con componenti simili al VK 3001(P) che attivavano generatori elettrici per motori indipendenti su ciascun cingolo. Il veicolo era munito di larghi cingoli per distribuire meglio il peso e facilitare il movimento su terreni morbidi, ma le dimensioni e il peso del mezzo limitavano la sua manovrabilità.

Questa configurazione risultò peraltro assai inefficiente e soggetta a frequenti guasti.

La difesa passiva del mezzo era dotata di una corazzatura forte. Lo scafo frontale era protetto con 80-100 mm di corazza, con un'ulteriore protezione sul mantelletto della torretta fino a 145 mm.

Mentre per quanto riguarda l'armamento, questo Tiger era equipaggiato con un cannone KwK 36 da 88 mm, capace di penetrare corazze spesse a varie distanze e di una mitragliatrice MG 34 da 7,92 mm. Trasportava fino a 80 proiettili per il cannone e oltre 4.300 munizioni per la mitragliatrice.

▲ Il prototipo del Panzerkampfwagen VI Tiger (P) VK4501 dotato di torretta fittizia.

Carro armato sperimentale Pz.Kpfw VI Tiger (P) - Panzerbefehlswagen derivato dal protipo con l'aggiunta della torretta e del pezzo da 88 mm.

▲▼ Diverse e rare interessanti immagini dell'unico esemplare di carro Panzerkampfwagen VI Tiger (P) entrato in azione, dispiegato sul fronte orientale, nei ranghi dello schwere Panzerjäger Abteilung 653, dove prestò servizio fino alla sua distruzione avvenuta nel luglio del 1944.

Carro armato sperimentale Pz.Kpfw VI Tiger (P) - Panzerbefehlswagen utilizzato dal Pnzer. Jag. Abt. 653 sul fronte orientale fino all'estate del 1944.

Non è chiara la presenza o meno di una seconda mitragliatrice. L'equipaggio era composto da cinque membri: in torretta trovavano posto il comandante, il cannoniere e il caricatore; nello scafo sedevano il pilota a sinistra e il mitragliere a destra.

Con un peso di circa 60 tonnellate, raggiungeva al massimo i 35 km/h su strada. Su terreni accidentati la velocità scendeva fino a 8-10 km/h, limitando notevolmente l'efficacia operativa.

■ VERSIONI MODIFICATE DEL TIGER (P)

Rammtiger (P)

Il 22 novembre 1942 Hitler autorizzò la creazione di un prototipo chiamato Rammtiger (P), noto anche come "Tigre-ariete". Questo veicolo blindato era pensato per abbattere ostacoli e barricate, una necessità emersa durante la battaglia di Stalingrado, dove le rovine e le barricate erette dai sovietici avevano spesso bloccato l'avanzata dei mezzi corazzati tedeschi. Il 7 dicembre 1942, Porsche completò i progetti, che prevedevano di montare sui telai una struttura con un profilo aerodinamico per far scivolare detriti ai lati. Il veicolo era dotato di una prua simile a un vomere e conservava un affusto in casamatta per una mitragliatrice MG 34 o MG 42. La corazza avrebbe avuto uno spessore di 30 mm su tutti i lati, con il tetto rinforzato fino a 50 mm. Le dimensioni previste erano di 8,25 metri di lunghezza, 3,6 metri di larghezza e 2,55 metri di altezza. Il 5 gennaio 1943 Hitler decise di convertire tre Tiger (P) al nuovo modello, e le relative sovrastrutture furono pronte a maggio 1943. Ad agosto risultavano completati tre Rammtiger, ma è improbabile che siano mai stati utilizzati: con ogni probabilità rimasero nei magazzini della Nibelungenwerke.

Bergepanzer Tiger (P)

Tra agosto e settembre 1943, tre dei cinque Tiger (P) presenti a Döllersheim furono trasformati in carri soccorso, prendendo il nome di "Bergepanzer Tiger (P)". La Nibelungenwerke ne curò la trasformazione: il nuovo veicolo pesava 60 tonnellate, misurava circa 8 metri di lunghezza e 1,97 metri di altezza, dato che al posto della torretta era stata fissata una sovrastruttura bassa con una mitragliatrice MG 42 da 7,92 mm sul lato destro. I due motori Porsche, poco affidabili, furono sostituiti con motori Maybach HL 120 TRM a 12 cilindri a V, capaci di sviluppare 272 cavalli ciascuno a 2800 giri al minuto. Questi motori,

▲ Il prototipo del Panzerkampfwagen VI Tiger (P) VK4501 durante i primi test.

alimentati a benzina e raffreddati a liquido, garantivano un'autonomia di 150 chilometri su strada e circa 90 chilometri fuori strada grazie a un serbatoio di 950 litri di carburante. L'equipaggio, aumentato a sei membri, poteva utilizzare due radio, una FuG 2 e una FuG 5. La corazza era stata portata a 200 mm, con lo spessore minimo che passava da 20 a 30 mm.

Il Ferdinand/Elefant
Nel settembre 1942, dato lo stato avanzato dei lavori, si considerò l'idea di utilizzare i novanta scafi del Tiger (P) appena consegnati per costituire due battaglioni di carri pesanti (schwere Panzer-Abteilung) da inviare in Tunisia, ma problemi tecnici resero il piano impraticabile. Fu allora proposto di equipaggiare gli scafi con obici da 150 o 170 mm, o con mortai da 210 mm, ma nessuno di questi piani venne realizzato. Infatti, il 22 settembre si decise invece di trasformare i Tiger (P) in semoventi d'assalto armati con un cannone PaK 43/2 da 88 mm L/71. Il nuovo mezzo, con una corazzatura frontale potenziata e il cannone montato in casamatta, fu chiamato "Ferdinand" in onore del dottor Porsche, ma in seguito fu ribattezzato "Elefant" e fu un mezzo di un certo successo!

▲▼ Altre due immagini del carro Panzerkampfwagen VI Tiger (P) in servizio sul fronte orientale.
Sopra lo si vede stipato sul carro treno per il trasporto celere, e a lato in un bel profilo con tutti i membri del suo equipaggio.
Russia, primavera del 1944.

PANZER VI TIGER VK 4502 HINTEN & VORNE

Il VK 45.02 (P) era la designazione ufficiale per un progetto di carro armato pesante non riuscito progettato da Ferdinand Porsche nella Germania nazista durante la seconda guerra mondiale per competere con il progetto di Henschel.

A differenza del precedente progetto VK 45.01 (P), nessuno dei prototipi è stata prodotto e testato. Tuttavia, il lavoro di progettazione divenne importante perché, fin dalla prima collaborazione con Krupp, la torretta da combattimento prevista per questo veicolo con un lungo 8,8 cm KwK L/71 fu effettivamente prodotta e utilizzata sui primi cinquanta Panzerkampfwagen VI Tiger II.

Lo sviluppo di questo veicolo iniziò nell'aprile del 1942, con due varianti di design (Ausf. A e Ausf. B) che incorporavano caratteristiche diverse. La società Krupp ricevette in contemporanea un ordine per la costruzione di 50 torrette. Tuttavia, lo scafo prototipo per esse non fu mai prodotto. Le torrette furono quindi montate sui primi Tiger II che avrebbero dovuto essere armati con un cannone KwK L/71, come la sua controparte Henschel.

■ AVANZAMENTO DEL PROGETTO

Dopo che il VK 45.01 (P) non riuscì ad aggiudicarsi l'appalto, Ferdinand Porsche, indefessamente iniziò a cercare modi per migliorare il design per una versione futura. Sulla base degli ultimi progetti di carri armati alleati, tuttavia, era chiaro che il semplice aumento della corazza del VK 45.01 (P) non sarebbe stato sufficiente per mantenere la competitività del suo carro armato. Doveva avere sia più peso che maggiore manovrabilità. Quello che inizialmente era iniziato come un singolo veicolo, denominato "Typ 180", si è trasformato poi in una serie di cinque veicoli diversi, che hanno richiesto lo sviluppo di due diverse configurazioni di scafo: l'Hinten con la sua torretta alloggiata sul retro e denominato Typ 181e il Vorne con

SCHEDA TECNICA - PANZER VI TIGER (P) VK 4502	
Tipo	Carro armato pesante
Lunghezza	1070 cm compresa la canna del cannone
Larghezza	332 cm
Altezza	295 cm
Data di impostazione	Aprile 1942
Peso in ordine di combattimento	56/63 tonnellate
Equipaggio	5 (comandante, autista, 1 marconista, servente e cannoniere)
Motore	2 Porsche tipo 101/3, 680 CV (500 kW; 670 CV)
Velocità massima	38 km/h su strada 20 km/h fuori strada
Autonomia	non noto
Produttore	Porsche
Corazzatura	Da 70 a 120mm
Armamento	1 cannone KwK 43 da 88 mm 2 mitragliatrici MG 34 da 7,92 mm
Produzione	Nessuno (utilizzate però 50 torrette Porsche)

Carro armato sperimentale Pz.Kpfw VI Tiger (P) - VK 4502 "Vorne".

la sua torretta sulla parte centrale/anteriore, denominato Typ 180. Il progetto complessivo noto come VK 45.02 (P), ebbe anche un sistema di azionamento sia elettrico che idraulico e ben quattro motori diversi. La denominazione usata per il progetto durante la Seconda guerra mondiale nei piani di sviluppo dell'industria bellica tedesca e dell'Ufficio armi dell'esercito era di carattere descrittivi e va così letta: "VK" per "progetto di prova", il "45" è relativo al peso in tonnellate, mentre lo "01, 2 ecc" per la prima o seconda delle diverse varianti. I nomi invece, dal tedesco Vorne e Hinten significavano rispettivamente anteriore e posteriore. Tuttavia, il prototipo dello scafo non fu mai prodotto.

■ LA TORRE DELLA PORSCHE

La situazione fu diversa per la torretta da combattimento pensata e sviluppata da Krupp per questo progetto Porsche per questo nuovo carro armato. Porsche e Krupp avevano già lavorato a stretto contatto allo sviluppo del precedente VK 45.01 (P) e questo lavoro è proseguito. L'obiettivo era montare un cannone da carro da 8,8 cm con maggiore potere di penetrazione. Questo non poteva essere montato sul telaio del Tiger I, anche se era un espresso desiderio di Adolf Hitler che il pesante e famoso carro armato tedesco fosse armato con quest'arma.

Krupp e Porsche concordarono su una torretta che avesse una parte anteriore relativamente stretta per il mantello del cannone e che si allargasse verso i lati fino alla larghezza dell'anello girevole della torretta in una piastra curva. Per compensare il peso dell'arma e creare spazio sufficiente per il ritorno dell'arma, la parte posteriore della torretta sporgeva notevolmente oltre il bordo dell'anello girevole della torretta. Nel concetto di base, le munizioni venivano immagazzinate in questa parte posteriore della torre. Mentre il gruppo di sviluppo Porsche continuava a lavorare sullo scafo del veicolo, i lavori di sviluppo presso Krupp furono presto completati e iniziò la produzione delle torri. Dopo che l'Ufficio delle Armi dell'Esercito aveva deciso per il modello concorrente della Henschel, il VK 45.03 (H), e appurato che la produzione delle nuove torrette per questo modello non era ancora iniziata. Considerando le torrette già prodotte per il progetto Porsche, queste belle torrette da combattimento, che da allora sono state chiamate torri Porsche per distinguerle, finirono montate sui primi 50 telai del nuovo carro armato principale Panzerkampfwagen VI Tiger II e consegnato ai reparti dei carri armati pesanti.

▲ L'unico esempio esistente di 'Royal Tiger' Type 180 con cupola 'Porsche', è oggi conservato al Tank Museum di Bovington, nel Regno Unito. Courtesy by Toshonenov wiki cc1.

Carro armato sperimentale Pz.Kpfw VI Tiger (P) - VK 4502 "Vorne" versione camo.

▲ Immagini di un modello del carro sperimentale VK 4502 Hinten, realizzato da Walter Ferrari, socio del club modellistico di Pumenengo (BG) per gentile concessione.

Carro armato sperimentale Pz.Kpfw VI Tiger (P) - VK 4502 "Hinten" versione camo.

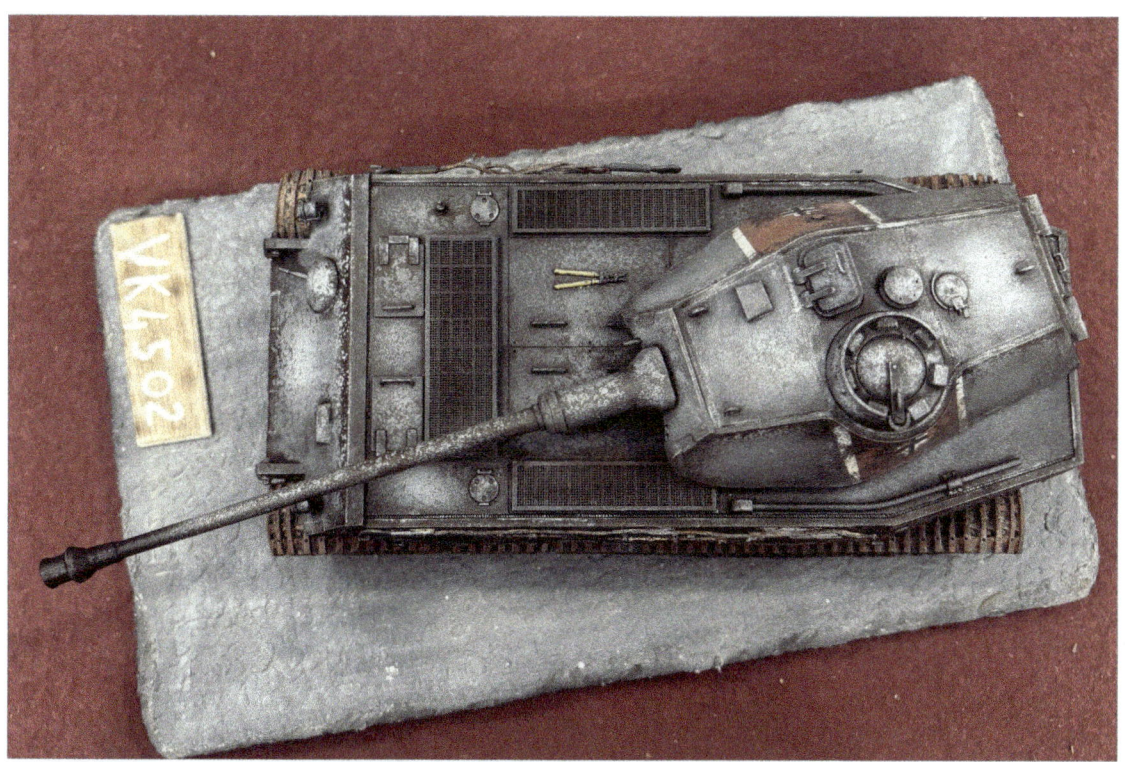

▲▼ Immagini di un modello del carro sperimentale VK 4502 Hinten, realizzato da Walter Ferrari, socio del club modellistico di Pumenengo (BG) per gentile concessione.

CARRI SPERIMENTALI TEDESCHI VOL. I

Carro armato sperimentale Pz.Kpfw VI Tiger (P) - VK 4502 "Hinten" 2ª versione camo.

PANZER VIII MAUS

IL PANZERKAMPFWAGEN VIII "MAUS": IL CARRO ARMATO SUPERPESANTE DELLA WEHRMACHT

Il Panzerkampfwagen VIII "Maus" (topo) fu un carro armato superpesante sviluppato per la Wehrmacht durante la Seconda Guerra Mondiale. Gli ideatori, tra cui ingegneri e politici di alto rango, immaginavano che questo veicolo avrebbe dominato il campo di battaglia, surclassando qualsiasi avversario. Una Wunderwaffen efficace in sostanza! Tuttavia, le difficoltà nella produzione, gli attacchi e gli attentati subiti dagli stabilimenti e l'evolversi del conflitto impedirono una produzione di massa. Alla fine del 1944, nonostante tutti gli sforzi ne furono completati solo due prototipi, uno solo dei quali dotato di torretta. Gli stessi ricevettero le seguenti denominazioni progettuali Porsche: tank 205, con il primo esemplare completato recante il numero 205/1 e il secondo 205/2.

■ ORIGINI E SVILUPPO

Un ruolo centrale nello sviluppo del progetto fu svolto dalla Tank Commission, creata nel 1939 sotto la direzione di Ferdinand Porsche. Già nel 1941, la Krupp ricevette l'incarico di progettare un carro armato particolarmente pesante, ma nessuno dei modelli proposti, che variavano tra le 72 e le 170 tonnellate, venne concretamente realizzato. Il nome in codice inizialmente previsto per il progetto, "Mammut," fu cambiato in "Maus" per ragioni di segretezza.

L'invasione dell'Unione Sovietica nel 1941 rivelò alla Wehrmacht la reale situazione relativa alla potenza dei carri armati sovietici. Hitler e il suo stato maggiore giunsero alla ovvia considerazione che entro la primavera del 1943 l'Armata Rossa sarebbe stata equipaggiata con veicoli corazzati ancora più pesanti. Così, il 5 marzo 1942, durante un colloquio con Albert Speer, ministro degli armamenti del Reich, Hitler stabilì che la Krupp avrebbe dovuto progettare un carro da almeno 100 tonnellate, e non più solamente un carro da 72 tonnellate. Il Maus alla fine sfiorerà addirittura le 200 tonnellate.

Il peso finale del "Maus", inizialmente previsto a 150 tonnellate, infatti aumentò a 188 tonnellate per il

▲ Il super carro armato tedesco Maus; questo nella foto è l'unico modello che è rimasto e fu catturato dai russi.

Carro armato sperimentale Panzer VII Maus - versione camo.

prototipo V1 e 187 tonnellate per il V2, grazie al continuo incremento della corazza fino a 220 mm. Ciò creò significative difficoltà per la motorizzazione. Nonostante la sua mole già impressionante, il "Maus" fu poi superato in termini di peso dai progetti P-1000 e P-1500 "Monster".

Il 21 marzo dello stesso anno, Hitler estese l'incarico anche alla Porsche, che ottenne un contratto indipendente per sviluppare un modello dello stesso peso.

Nel 1942 il progetto subì una forte accelerazione, e alla Krupp si iniziarono a produrre i primi componenti, come scafi e torrette. In una conferenza nel gennaio 1943, furono presentati i due progetti concorrenti e Hitler espresse la sua preferenza per il design Porsche. Fu deciso di armare il veicolo con il cannone KwK da 12,8 cm, di produrre 10 unità al mese e di assegnare l'assemblaggio finale alla Altmärkische Kettenwerke (Alkett). Il Mäus e il Tiger II erano le armi destinate a garantire la superiorità tecnologica della Wehrmacht per il 1944.

Tuttavia, un attacco aereo del 4 agosto del 1943 danneggiò seriamente lo stabilimento Krupp, causando ritardi, mentre le soluzioni tecniche per il motore, il telaio e l'armamento non erano ancora pronte. La catena di produzione era al tempo già basata su alcune decine di esemplari. Ciò rese evidente che sarebbe occorso ulteriore tempo prima di completare il progetto, e solo nel 1944 si poterono eseguire i primi test di guida. Non solo questi incidenti, scontati in tempi di guerra portarono ad una sostanziale rivisitazione generale del progetto, per cui è facile parlare da qui in poi di progetto Maus II, In un certo senso fu una fortuna, poiché questa battuta d'arresto permise di fare luce su alcuni gravi errori, come quella degli scafi fuori misura, troppo larghi per le rotaie del Reich! Verso la fine del 1944, i due soli prototipi realizzati (altri 5 telai giacevano incompleti) furono trasferiti al centro di ricerca militare di Kummersdorf, dove la Wehrmacht eseguì le prove. Ma nei fatti, concretamente quel bombardamento estivo chiuse l'avventura e alla fine del 1943, l'idea del Maus era morta prima di nascere.

Con i russi alle porte, i prototipi vennero distrutti. I resti dei veicoli furono poi recuperati dall'Armata Rossa, che li inviò a Kubinka per ulteriori ispezioni e test.

SCHEDA TECNICA - PANZER VIII MAUS (topo)	
Tipo	Carro armato pesante
Lunghezza	1009 cm
Larghezza	367 cm
Altezza	371 cm
Data di impostazione	1945
Peso in ordine di combattimento	188 tonnellate
Equipaggio	6 (comandante, autista, 1 marconista, 2 servente e cannoniere)
Motore	Daimler-Benz MB 509 794 kW (1080 CV)
Velocità massima	20 km/h su strada 10 km/h fuori strada
Autonomia	160 km
Produttore	Ferdinand Porsche
Corazzatura	Da 60 a 280 mm
Armamento	1 cannone KwK 44 L/55 da 128 mm, 1 da 75mm L36/5 1-2 mitragliatrici MG 34 da 7,92 mm
Produzione	2 esemplari

Carro armato sperimentale Panzer VII Maus - versione camo.

CARATTERISTICHE TECNICHE

Motore e trazione Il Maus utilizzava un sistema di trazione ibrido benzina-elettrico o diesel-elettrico. Un motore a combustione alimentava un generatore elettrico che trasmetteva energia a due motori per il movimento. Questa configurazione era necessaria per gestire il peso imponente del veicolo, che superava, come già detto, le 180 tonnellate nei prototipi finali.

L'armamento principale del Maus era costituito da un cannone da 12,8 cm KwK, con un raggio di elevazione compreso tra −7° e +23°, del tipo già utilizzato anche sullo Jagdtiger. Venne anche affiancato da un cannone secondario da 7,5 cm per bersagli leggeri e una mitragliatrice MG42 per la fanteria posta sul lato sinistro. La torretta, dotata di un'armatura spessa fino a 220 mm, rendeva il Maus virtualmente immune alla maggior parte dei proiettili nemici dell'epoca. Completava la dotazione una nutrita serie di candele fumogene. Il mezzo era inoltre dotato di un avveniristico sistema anti-incendio, cosa rarissima sui mezzi corazzati della seconda guerra mondiale. Tuttavia questo sistema aggiuntivo di protezione aumentò progressivamente il peso del Maus, limitandone ulteriormente la mobilità.

TEST E DESTINO FINALE

I test da parte della Porsche iniziarono nel novembre del 1943 presso il centro di prova di Kummersdorf, con prove di immersione e traino. e prove di tiro presso l'Istituto di ricerca dell'esercito di Hillersleben, ma furono sempre ostacolati da continui problemi meccanici e bombardamenti alleati. I due prototipi completati furono poi portati a Böblingen per ulteriori valutazioni.

Senza motore e torretta, il telaio 205/2, arrivò a Böblingen il 10 marzo 1944. Il successivo 3 maggio 1944 arrivò la torretta, ma ancora senza i due cannoni. Dopo l'installazione delle armi, queste furono assemblate per la prima volta il 9 giugno 1944 dai meccanici della ditta Krupp. Le foto mostrano che l'unica torretta esistente venne poi montata sul 2° telaio e all'intero veicolo fu data una verniciatura mimetica a tre colori. Pronti per un ultimo test, i due prototipi vennero riportati a Kummersdorf.

Alla fine del conflitto, entrambi i veicoli furono distrutti dalle forze tedesche per impedirne la cattura. Tuttavia, i resti furono recuperati dall'Armata Rossa, che li trasportò a Kubinka, dove uno dei veicoli fu ricostruito combinando lo scafo del primo prototipo con la torretta del secondo.

Dopo i test sovietici, occorsi al mezzo dopo la cattura il Maus fu esposto al Museo dei Carri Armati di Kubinka, dove è conservato tutt'oggi come testimonianza della tecnologia bellica tedesca.

▲ Il super carro armato tedesco Maus, mentre viene mimetizzato da artiglieri della Wermacht.

Carro armato sperimentale Panzer VII Maus - versione subacquea. In alto: schizzo del progetto originale.

CONSIDERAZIONI MILITARI

Nonostante il Maus fosse un capolavoro tecnologico, presentava gravi limitazioni operative:
I principali svantaggi erano la velocità massima di 13 km/h fuoristrada e un peso totale di quasi 190 tonnellate, che rendevano praticamente impossibile il passaggio sui ponti. Il veicolo era quindi più un bunker mobile che un carro armato utile nella guerra mobile e veloce. In caso di ritirata non ci sarebbe stata alcuna possibilità di una rapida evacuazione; il topo avrebbe dovuto essere lasciato indietro, abbandonato e fatto saltare in aria. In caso di attacco, non sarebbe stata in grado di tenere il passo con la rapida avanzata. Anche se il Maus avrebbe rappresentato un grosso problema per il nemico a causa della sua potenza di fuoco e della sua armatura, avrebbe potuto essere aggirato, circondato e catturato, motivo per cui fu preso in considerazione l'uso di carri armati di accompagnamento.

L'enorme fabbisogno di carburante poneva un altro problema, soprattutto perché alla fine della guerra i tedeschi erano gravemente carenti di carburante. Inoltre, questa fortezza mobile poteva essere trasportata solo su uno speciale vagone ferroviario a 14 assi e anche così non poteva passare attraverso tunnel o ponti ferroviari. Insomma, sebbene impressionante per potenza e protezione, la sua inefficienza ne decretò la completa inutilità sul campo di battaglia.

▲ Due immagini del Maus, durante le fasi dei test e nel trasporto ferroviario con lo speciale bancale.

▲ Il super carro armato tedesco Maus appena catturato dai russi e da questi sottoposto a test.

◄ A sinistra: vista del mezzo come è stato ritrovato; i genieri tedeschi lo fecero esplodere per non lasciare quest'arma, che era costata tanti sacrifici, in mano al nemico.

▲ Foto britannica dopo la resa nel 1945, che mostra una torretta Maus incompiuta in una fabbrica di carri armati.

▲ Diverse viste del Maus e particolari, del modello conservato al museo russo di Kubinka. Wiki cc1.

CARRI SPERIMENTALI TEDESCHI VOL. I

CONCLUSIONI

Quando si parla di veicoli militari terrestri, nessuna macchina incarna potenza e terrore come un carro armato. L'apice dell'ingegneria corazzata, i carri armati nacquero durante la Prima Guerra Mondiale come rudimentali colossi d'acciaio su cingoli, armati di cannoni e destinati a frantumare le linee nemiche. Ma da quelle umili origini, si evolsero rapidamente, e già solo poco più di 20 anni dopo durante la Seconda Guerra Mondiale, i carri armati divennero le avanguardie della distruzione, guidando la fanteria nelle battaglie, sondando i movimenti nemici e ingaggiando feroci duelli con i loro omologhi. Fu in quel conflitto titanico che i carri armati tedeschi, come il leggendario Tiger I, si elevarono a simbolo di invincibilità. Già il concetto di carro pesante esisteva, ma era il Tiger a incarnare l'apice della letalità: un mostro corazzato, quasi inespugnabile grazie alla sua corazza spessa come una fortezza, capace di annientare qualsiasi avversario con un colpo devastante.
Nessuno fece meglio della ingegneria tedesca in questo campo in quegli anni. I tedeschi studiarono e realizzarono un'infinità quantità di mezzi corazzati e armi tecnologicamente avanzate.
Oltre ai panzer IV, V, i Tiger I e II, i formidabili cacciacarri, pesanti semoventi d'artiglieria come il Ferdinand. la tecnologia tedesca produsse progetti megalomani, spesso coinvolgendo la propaganda bellica cui non erano estranei queste imprese. Nacquero così molti esempi di carri sperimentali qui trattati.
Fra tutti, vi fu un carro armato tedesco che spinse questo concetto ai limiti estremi, così audace e colossale da restare ineguagliato fino ai giorni nostri. Quel carro era il Maus. Sebbene non sia mai entrato in produzione, la sua esistenza rappresenta un'impresa d'ingegneria straordinaria, un monumento alla megalomania bellica. Il Panzer VIII Maus, il carro armato più pesante mai costruito, è ancora oggi circondato da un alone di leggenda, e i suoi segreti continuano a stupire.

▲ Le terribili distruzioni provocate dal bombardamento alleato degli stabilimenti Krupp.

MIMETICHE E SEGNI DISTINTIVI TANK TEDESCHI

Nelle prime fasi della guerra in Polonia e in Francia, l'esercito tedesco utilizzò principalmente veicoli verniciati in Dunkelgrau (RAL 7021), con alcuni mezzi dipinti anche in Dunkelbraun (RAL 7017) come motivo mimetico fino a quando l'Oberkommando des Heeres decise che si doveva utilizzare solo il Dunkelgrau. La decisione non riguardava solo i carri armati, bensì anche tutti gli altri mezzi o AFV: autoblindo, semicingolati e persino i carri cucina erano dipinti dello stesso colore.

Questo Dunkelgrau è spesso mostrato nelle illustrazioni in modo non troppo corretto. Il punto è che si tratta nella realtà di un colore grigio-bluastro molto scuro. Questo fatto erroneo è spesso dovuto al fatto che il grigio tende a "fondersi" efficacemente con i colori circostanti e di conseguenza ad apparire molto più chiaro.

La guerra combattuta, però, fece aprire gli occhi ai generali di Hitler, specialmente in Russia e in Africa. In entrambi i teatri operativi il Dunkelgrau si vedeva lontano chilometri, un chiaro invito al fuoco nemico. Perciò le divisioni tedesche in URSS utilizzarono qualsiasi materiale utile per colorare di bianco i loro veicoli, tra cui materiale naturale come gesso, lenzuola, neve ammucchiata fino all'inevitabile imbiancatura. La mimetica così ottenuta salvò la pella a molti carristi...

Queste sbiancate dilettantesche avevano anche il vantaggio di lavarsi gradualmente con le piogge di fine inverno e inizio primavera, sciogliendosi come neve. Stesso problema in Libia, anche se qui il bianco non serviva, ci si dannò nel trovare una soluzione con la testardaggine tipica tedesca e alla fine si trovò una soluzione quando il Gelbbraun (RAL 8000) fu assegnato a quel fronte e i veicoli in Dunkelgrau furono rapidamente mimetizzati con il deserto. Oltre a colorare in Gelbraun, in Africa si utilizzò anche il Graugrün (RAL 7008), quest'ultimo in diverse varianti condizionate da quello che i carristi avevano a portata di mano, o che gli riusciva di catturare al nemico.

A partire dal 1942, i colori ufficiali cominciarono a scarseggiare al fronte e spesso anche in fabbrica. I mezzi militari venivano quindi dipinti utilizzando copie o schemi alternativi di colori, specialmente per i mezzi del deserto (più isolati rispetto alla madrepatria), utilizzando Braun (RAL 8020) e Grau (marrone e grigio, RAL 7027). Nelle pagine del libro troverete uno specchietto assai chiaro su queste tinte e la denominazione RAL.

Oltre che in Africa, anche sul fronte orientale si inizia a far ricorso a veicoli dipinti con la mimetica bicolore già in uso nel deserto. Va ricordato, comunque, che a metà conflitto la maggior parte dei carri tedeschi in Russia era ancora Dunkelgrau, almeno fino al 1943, quando l'OKH emise un nuovo ordine che prevedeva che il colore di base standard di tutti i veicoli divenisse il Dunkelgelb (giallo scuro, RAL 7028). Il colore non era un vero è proprio giallo, ma piuttosto tendente al bronzo. Colore delicato comunque, che variava, anche enormemente, in relazione a molti fattori: chi lo dipingeva, quanto veniva diluito con solventi, tempo, usura ecc. Il RAL 7028 offre, anche in bibliografia, un numero elevato di "varianti"!

CARRI SPERIMENTALI TEDESCHI VOL. I

Fu così, un po' per caso, un po' per fortuna che si giunse ad ottenere quella moderna mimetica che i tedeschi chiamarono l'*Hinterhalt-Tarnung* o "*Ambush*". Un aspetto complicato da descrivere, ma nei fatti si tratta di un effetto di luce filtrata dal fogliame naturale, insomma, una mimetica assai efficace. Così come nelle opere d'arte, si poteva anche in questo caso parlare di stili, i più variegati possibile. Uno ricordava appunto il *pointillisme* degli impressionisti francesi. Uno più "orfico" anche detto a dischi o a chiazze. La scelta di uno stile o dell'altro era anche in un certo modo la firma della fabbrica che produceva i mezzi (a partire dalla metà del 1944 i mezzi venivano dipinti negli stabilimenti di produzione). I colori applicati in fabbrica erano una base di Dunkelgelb, con macchie di Rotbraun (rosso marrone) e Olivgrün (verde oliva). Sorsero sempre più spesso problemi di stoccaggio, temporali e altro che resero variegata la fornitura in uscita.

Nel dicembre 1944, infine, fu emesso un nuovo ordine che prevedeva che i carri armati fossero verniciati tutto con uno strato di base (sopra il primer rosso-ossido, il minio italiano) di Dunkelgrün e/o Olivgrün con applicazioni di strisce e macchie di Dunkelgelb e Rotbraun, e questo sembra essere l'ultimo ordine dato per la mimetizzazione a guerra in corso.

L'applicazione della mimetica era generalmente effettuata con spray di vernice ad aria compressa, in mancanza del quale si procedeva "alla vecchia": pennelli, spazzoloni o semplicemente stracci all'estremità di un bastone. Questi artifici, quest'arte di arrangiarsi finiva col moltiplicare le varianti mimetiche che sarebbero poi destinate al campo di battaglia.

Come tutti gli eserciti, anche quello tedesco aveva capito (spesso prima di molti) che occultare i veicoli nelle manovre difensive o offensive avrebbe aumentato le probabilità di sopravvivenza allo scontro. Oltre alla mimetizzazione dipinta sul veicolo stesso, veniva quindi spesso usato anche il fogliame (rami, cespugli, fieno, persino cataste di legna) per coprire il veicolo, di solito dalla parte anteriore, per renderlo ancora più difficile da individuare e da distinguere dall'ambiente circostante. Più raramente si utilizzavano anche teloni e tele mimetiche e reti mimetiche miste a fogliame per nascondere ulteriormente il carro. Non ultimo anche il fango e la neve erano un economico, ma efficace, mimetico assai utile a confondersi con l'ambiente circostante.

▲ Un carrista intento a colorare la mimetica del suo mezzo (uno Sd.Kfz 173) con lo spruzzo. Bundesarchiv.

▲ Il carro sperimentale VK 4502 Hinten, realizzato da Walter Ferrari, del club modellistico di Pumenengo (BG).

BIBLIOGRAFIA E SITI

- Mr A I Bruce. *"Gw Tiger für 17 cm K 72 (Sf)"*. Wehrmacht-history.com. Archived from the original on 2017-10-07. Retrieved 2012-07-01.
- P. Chamberlain and H. Doyle (1978) *Encyclopedia of German Tanks of World War Two – Revised Edition,* Arms and Armor press.
- D. Doyle (2005). *German military Vehicles,* Krause Publications.
- D. Nešić, (2008), *Naoružanje Drugog Svetsko Rata*-Nemačka, Beograd
- T. Anderson (2018) *History of the Panzejager, Volume 1 Origin and evolution 1939-42,* Osprey Publishing.
- T.L. Jentz and H.L. Doyle (1997) *Panzer Tracts No.4 Panzerkampfwagen IV*
- T.L. Jentz and H.L. Doyle (2004) *Panzer Tracts No.7-1 Panzerjager*
- *"Panzerkampfwagen VII Löwe (Lion)"*. Achtung Panzer. 1996.
- B. David *"Panzerkampfwagen VII Löwe (VK 70.01) Heavy tank – Paper project (1942)"*. Retrieved 23 July 2017.
- Jentz, Tom; Doyle, Hilary (2001). *Panzer Tracts No.20-1: Paper Panzers – Panzerkampfwagen, Sturmgeschuetz and Jagdpanzer.*
- George Forty, *Tiger Tank Battalions in World War II,* Zenith Imprint, 2009.
- F. M. von Senger und Etterlin: *Die deutschen Panzer 1926–1945.* Bernard & Graefe Verlag, 1998
- Walter J. Spielberger, Hilary L.Doyle: *Der Panzer-Kampfwagen Tiger und seine Abarten. In: Militärfahrzeuge.* 6. Auflage. Band 7. Motorbuch Verlag, Stuttgart 1998,
- Thomas L. Jentz & Hilary Louis Doyle: *Panzerkampfwagen VI P (Sd.Kfz. 181) - Porsche Typ 100 and 101.* 1. Auflage. Darlington Productions Inc., Darlington 1997.
- Fritz Hahn: *Waffen und Geheimwaffen des deutschen Heeres 1933–1945.* Dörfler-Verlag,
- Walter J. Spielberger: *Spezial-Panzer-Fahrzeuge des deutschen Heeres. Militärfahrzeuge Band 8.* Motorbuch-Verlag, Stuttgart 1977,
- Ferdinand M. von Senger und Etterlin, Franz Kosar, Walter J. Spielberger: *Die deutschen Panzer 1926–1945.* Bernard & Graefe, Bonn 1998
- Michael Sawodny, Kai Bracher: *Panzerkampfwagen Maus und andere deutsche Panzerprojekte.* Podzun-Pallas, Wölfersheim-Berstadt 1998
- Lothar Boschen, Jürgen Barth: *Das große Buch der Porsche-Sondertypen und -Konstruktionen von 1931 bis heute.* 1. Auflage. Motorbuch Verlag, Stuttgart 1984
- Thomas L. Jentz, Hilary Louis Doyle: *Schwerer Panzerkampfwagen Maus and E 100 – Panzer Tracts No. 6-3.* Panzer Tracts, Boyds, MD 2008, ISBN 0-9815382-3-1
- Karl R. Pawlas: *Panzerkampfwagen Maus* - Journal Verlag Schwend, Schwäbisch Hall 1975
- *Panzerkampfwagen VI Tiger (P) VK4501(P)/Porsche Typ 101,* su achtungpanzer.com
- *VK4501(P) Panzer VI,* su wehrmacht-history.com.
- *SdKfz 181 Panzerkampfwagen VI Tiger I (PzKpfW VI/Pz 6) Heavy Tank,* su militaryfactory.com.
- *Pz Kpfw Tiger (P),* su panzerworld.com.
- *Baubericht - Panzerkampfwagen VI(P) "Porsche-Tiger", VK 4501(P),* su panzer-modell.de.

TITOLI GIÀ PUBBLICATI

ALL BOOKS IN THE SERIES ARE PRINTED IN ITALIAN AND ENGLISH

VISITA IL NOSTRO SITO PER AVERE MAGGIORI INFORMAZIONI SU
THE WEAPONS ENCYCLOPAEDIA:
https://soldiershop.com/collane/libri/the-weapons-encyclopaedia/

TWE-032 IT

www.ingramcontent.com/pod-product-compliance
Lightning Source LLC
LaVergne TN
LVHW072121060526
838201LV00068B/4934